**Encontrando colores**

# Rojo

## Moira Anderson

Heinemann Library
Chicago, Illinois

© 2006 Heinemann Library
a division of Reed Elsevier Inc.
Chicago, Illinois

Customer Service   888-454-2279
Visit our website at www.heinemannlibrary.com

Editorial: Moira Anderson, Carmel Heron
Page layout: Marta White, Heinemann Library Australia
Translation into Spanish produced by DoubleOPublishing Services
Photo research: Jes Senbergs, Wendy Duncan
Production: Tracey Jarrett
Printed and bound in China by South China Printing Company Ltd.

09 08 07 06
10 9 8 7 6 5 4 3 2 1

**Library of Congress Cataloging-in-Publication Data**
Anderson, Moira (Moira Wilshin) [Red. Spanish]
    Rojo / Moira Anderson.
            p. cm. -- (Encontrando colores)
    Includes index.
    ISBN 1-4034-7461-3 (library binding) -- ISBN 1-4034-7466-4 (pbk.)
1.  Red--Juvenile literature. 2.  Colors--Juvenile literature. I. Title.
II. Series.
    QC495.5.A53718 2006
    535.6--dc22
                                                    2005028242

**Acknowledgments**
The author and publisher are grateful to the following for permission to reproduce copyright material: Rob Cruse Photography: p. **10**; Corbis: pp. **8, 20, 21, 23** (cotton, celebrate); Getty Images: p. **15**; Getty Images/PhotoDisc: pp. **22, 24**; PhotoDisc: pp. **4, 5** (all items), **6, 7, 9, 11, 12, 13, 14, 16, 17, 19, 23** (skin, stem, wool, berries, leaves); photolibrary.com: p. **18**.

Front cover photograph permission of Tudor Photography, back cover photographs permission of photolibrary.com (ladybug) and PhotoDisc (pepper).

Every effort has been made to contact copyright holders of any material reproduced in this book. Any omissions will be rectified in subsequent printings if notice is given to the publisher.

Many thanks to the teachers, library media specialists, reading instructors, and educational consultants who have helped develop the Read and Learn/Lee y aprende brand.

# Contenido

Algunas palabras aparecen en negrita, **como éstas**.
Puedes encontrarlas en el glosario en la página 23.

# ¿Qué es rojo?

El rojo es un color.

¿Qué colores diferentes ves en esta imagen?

El color rojo está por todas partes.

¿Qué puedes hacer con estas cosas rojas?

# ¿Qué cosas rojas puedo comer?

Las fresas son ricas.

Cuando están rojas podemos recolectarlas y comerlas.

tallo

piel

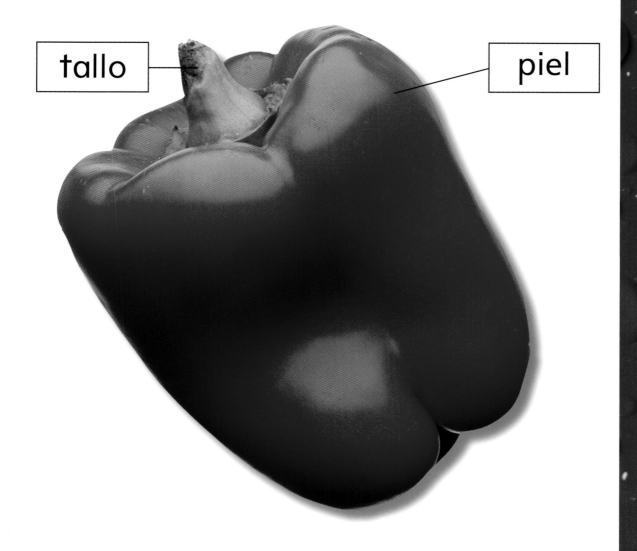

Algunos pimientos son rojos.

Tienen la **piel** roja y el **tallo** verde.

# ¿Qué ropa roja puedo ponerme?

Esta camisa está hecha de **algodón** rojo.

El algodón te mantiene fresco.

Estos guantes rojos están
hechos de **lana**.

La lana mantiene tus
manos calientes.

# ¿Qué cosas rojas hay en los edificios?

Algunos edificios están hechos de ladrillos rojos.

Los ladrillos son duros y fuertes.

Esta puerta es roja.

Está hecha de madera y está pintada de rojo.

# ¿Qué cosas rojas hay en casa?

manubrio

asiento

Este triciclo es rojo.

El asiento y los manubrios son rojos.

Esta taza es roja.

Mantiene el chocolate caliente.

# ¿Puedo encontrar cosas rojas en la ciudad?

Este semáforo
a veces está rojo.

Cuando la luz está roja,
el tráfico debe parar.

Este camión de bomberos es rojo.

Se usa para apagar incendios.

# ¿Puedo encontrar cosas rojas en el bosque?

En el bosque crecen **bayas** rojas.

Es fácil verlas en la nieve.

Las **hojas** de este árbol son rojas.

Algunas hojas se vuelven rojas en el otoño.

# ¿Hay animales rojos?

Hay animales rojos que viven en jardines.

Las vaquitas de San Antón son insectos rojos.

Hay animales rojos que
viven en el mar.

Esta estrella de mar es roja
y amarilla.

# ¿Cómo celebra la gente con el rojo?

El Año Nuevo chino se **celebra** con mucho rojo.

Ponen linternas rojas.

La gente celebra con
fuegos artificiales.

Los fuegos artificiales rojos se
ven bien en el cielo oscuro.

# Prueba breve

¿Qué cosas rojas ves?

Busca las respuestas en la página 24.

# Glosario

**baya**
fruta pequeña, redonda y jugosa

**celebrar**
hacer algo especial para mostrar
que un día o suceso es importante

**algodón**
material hecho de la planta de
algodón; se usa para hacer ropa

**hoja**
parte plana de una planta que
crece de un tallo o una rama

**piel**
la parte exterior de algunas
verduras o frutas

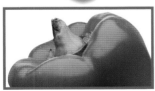

**tallo**
parte central de una planta

**lana**
hilo hecho del pelo suave de las
ovejas; se usa para hacer ropa

# Índice

### Respuestas a la prueba breve de la página 22

pintura · delantal · mesa · silla

## Nota a padres y maestros

Leer para informarse es parte importante del desarrollo de la lectura en el niño. Se puede animar a los lectores a hacer preguntas simples y luego usar el texto para buscar las respuestas. Cada capítulo en este libro comienza con una pregunta. Lean juntos la pregunta. Fíjense en las imágenes. Hablen sobre cuál piensan que puede ser la respuesta. Después lean el texto para averiguar si sus predicciones fueron correctas. Para desarrollar las destrezas de investigación de los lectores, anímelos a pensar en otras preguntas que podrían preguntar sobre el tema. Comenten dónde podrían buscar las respuestas. Ayude a los niños a usar la página del contenido, el glosario ilustrado y el índice para practicar destrezas de investigación y nuevo vocabulario.